BEI GRIN MACHT SICH IHR
WISSEN BEZAHLT

- Wir veröffentlichen Ihre Hausarbeit,
  Bachelor- und Masterarbeit

- Ihr eigenes eBook und Buch -
  weltweit in allen wichtigen Shops

- Verdienen Sie an jedem Verkauf

Jetzt bei www.GRIN.com hochladen
und kostenlos publizieren

Chancen und Risiken von Predictive Maintenance

Onur Güldali

Bibliografische Information der Deutschen Nationalbibliothek:

Die Deutsche Nationalbibliothek verzeichnet diese Publikation in der Deutschen Nationalbibliografie; detaillierte bibliografische Daten sind im Internet über http://dnb.d-nb.de abrufbar.

ISBN: 9783346390226
Dieses Buch ist auch als E-Book erhältlich.

© GRIN Publishing GmbH
Nymphenburger Straße 86
80636 München

Druck und Bindung: Books on Demand GmbH, Norderstedt Germany
Gedruckt auf säurefreiem Papier aus verantwortungsvollen Quellen

Das Buch bei GRIN: https://www.grin.com/document/1006307

FOM Hochschule für Oekonomie und Management

Hochschulzentrum Essen

Hausarbeit

im Studiengang IT-Management

über das Thema

Predictive Maintenance

von

Onur Güldali

:

Abgabedatum: 06.01.2019

Inhaltsverzeichnis

Abkürzungsverzeichnis

IT-System   Informations- und Telekommunikationssystem MS
Microsoft

PM   Predictive Maintenance

Abbildungsverzeichnis

1 Einleitung

In einer Studie des Beratungsunternehmens Capgemini wurde zum Thema IT-Trends eine Umfrage mit 121 Experten, aus Unternehmen vom deutschsprachigen Raum durchgeführt. Aus dieser Studie ist zu entnehmen, das Unternehmen mit einem Anteil von 45,5 % den größten Anteil des IT-Budgets in die Instandhaltung des Unternehmens investieren.[1] Die Industrialisierung im 19. Jahrhundert und die dazugehörige Einführung von industrieller Produktionsinfrastrukturen, führte zur Bündelung von verschiedenen und komplexen technischen Anlagen in Fertigungshallen. Die Anlagen wurden meistens von Menschen mit nicht ausreichenden Qualifikationen bedient. Diese Arbeiter waren in der Regel nicht in der Lage, aufgrund fehlender Werkzeuge oder einer fehlenden Ausbildung, die Anlagen wieder Instand zu setzen. Zur Instandsetzung dieser Anlagen wurden qualifizierte Handwerker beauftragt. Diese wurden meist nach einem ungeplanten Stillstand der Anlagen eingesetzt, um die Verluste eines Unternehmens durch den Ausfall der Anlagen so gering wie möglich zu halten. Diese unerwarteten Anlagenausfälle wiesen stets ein hohes Risikopotential für Unternehmen auf. Im Zuge der Industrialisierung stieg deswegen das Interesse an einer effizienteren Gestaltung der Instandhaltungsstrategie weiter an. Mit der Zeit wurde somit nicht nur auf Ausfälle reagiert, sondern es wurde ein Konzept erstellt, zum vorrausschauenden agieren unter Betrachtung verschiedener Komponenten wie der Anschaffung, Ausfall- und auch Instandhaltungskosten der jeweiligen Anlagen. Mittlerweile stehen durch heutige Informations- und Telekommunikationssysteme (kurz: IT-Systeme) verschiedene Werkzeuge zur Planung, Steuerung und Kontrolle zur Verfügung, die die Instandhaltung in Unternehmen unterstützten.[2] Zur Unterstützung der Instandhaltung ist im Zuge der Digitalisierung und Vernetzung die Technologie Predictive Maintenance (kurz: PM) entstanden. Bei diesem System werden Sensoren verwendet, um Informationen über den Status einer Anlage zu sammeln und weiterzuleiten. Damit soll vorhergesagt werden, wann eine bestimmte Anlage ausfällt und somit die Verfügbarkeit der Anlage ermittelt werden.[3]

In diesem Zusammenhang verfolgt diese Arbeit das Ziel die Chancen und Risiken von PM herauszuarbeiten. Damit soll Transparenz über die wirtschaftliche und

---

[1] Vgl. Capgemini (2018), S. 12f.
[2] Vgl. Heinrich (2017), S. 19f.
[3] Vgl. Biesel, Hame (2018), S. 220.

technologische Lage von PM geschaffen werden. Dazu wird in dieser Arbeit als wissenschaftliche Methodik die Literaturanalyse herangezogen. Die Phasen Literaturrecherche, Literaturauswertung und Interpretation in diese Arbeit werden dabei systematisch abgearbeitet. Zusammen mit der Einleitung besteht die Arbeit aus fünf Kapiteln. Im zweiten Kapitel werden zunächst theoretische Grundlagen im Bereich der Instandhaltung behandelt. Das dritte Kapitel befasst sich hauptsächlich mit dem technischen Einsatz von PM. Die Gegenüberstellung von Nutzen und Herausforderungen dieser Technologie, mit ergänzenden Praxisbeispielen, soll im vierten Kapitel ermitteln ob der Einsatz aktuell empfehlenswert ist. Darauf folgt das letzte Kapitel in dem dann die Ergebnisse dieser Arbeit abschließend zusammengefasst werden.

2 Grundlagen und Historie

2.1 Instandhaltung

Nach der Definition der DIN-Norm 31051 wird die Instandhaltung definiert als: [4]

„Kombination aller technischen und administrieren Maßnahmen sowie Maßnahmen des Managements während des Lebenszyklus einer Betrachtungseinheit zur Erhaltung des funktionsfähigen Zustands oder der Rückführung in diesen, so dass sie die geforderte Funktion erfüllen kann."

Die Grundmaßnahmen der Instandhaltung werden durch die Aufgabengebiete Inspektion, Instandsetzung, Verbesserung und Wartung abgebildet. Mit der Inspektion wird das Ziel verfolgt, den Ist-Zustand einer Anlage oder dessen Komponente festzustellen und zu beurteilen. Dazu gehört auch die Ermittlung des Abnutzungsgrundes und das Ableiten von benötigten Maßnahmen, um eine effizientere Nutzung der Betrachtungseinheit zu ermöglichen. Die Instandsetzung beschreibt alle Mittel die genutzt werden, um die Funktionsfähigkeit einer Anlage wiederherzustellen. Dabei wird die betrachtete Anlage jedoch nicht verbessert, sondern auf dem gleichen Stand gebracht wie vor dem Ausfall, z.B. wird eine Einheit der Anlage gegen eine gleichwertige ausgewechselt. Unter dem Aufgabengebiet Wartung werden die Mittel zusammengefasst, die zum Erhalt des Soll-Zustandes benötigt werden. Des Weiteren sollen diese Mittel dazu beitragen den Eintritt einer Situation mit nicht ordnungsgemäß funktionierenden Einheiten zu verschieben. Der Aufgabenbereich Verbesserung fasst alle Mittel zusammen, die zur Optimierung des betrachteten Objekts dienen. Dabei werden sowohl organisatorische als auch technische Maßnahmen berücksichtigt und umgesetzt, ohne notwendige Funktionen des Objektes zu verändern. [5]

Damit eine Anlage funktionsfähig wiederhergestellt oder aufrechterhalten wird, werden bei der Instandhaltung im Grundsatz zwischen drei Strategien unterschieden: [5]

---

[4] Vgl. Heinrich (2017), S. 20.
[5] Vgl. Schenk (2010), S. 23f.
[5] Vgl. eoda (2018), S. 5ff.

- **Störungsabhängige Instandhaltung**: An dieser Stelle werden Anlagen bis einzelne Teile oder die gesamte Anlage aufgrund eines Schadensfalles ausfallen betrieben. Die Instandhaltung dieser Einheiten erfolgt somit erst nachdem Ausfall von Gesamtanlagen oder wenn einzelne Teile auffallen. Damit ist eine schnelle und spontane Reaktion von kompetenten Instandhaltern gefragt, um die Produktionsstillstände so kurz wie möglich zu halten.
- **Zeitabhängige Instandhaltung**: Dieser Ansatz verfolgt das Ziel, den Anlagenausfall zu vermeiden. Die Instandsetzung der Anlage oder Teile der Anlage erfolgt auf Analysen und Erfahrungen vergangener Ausfälle. Darauf aufbauend werden fest definierte Intervalle festgelegt, innerhalb dessen eine Instandhaltung umgesetzt wird. Somit erfolgt die Umsetzung einer Instandsetzung unabhängig vom aktuellen Zustand der Anlage.
- **Zustandsabhängige Instandhaltung**: Hier besteht das Ziel darin, den Gebrauch der Anlagen und Teile möglichst weit auszuschöpfen, aber währenddessen auch einen Anlagenausfall zu verhindern. Durch Inspektionen wird der Zustand der einzelnen Elemente einer Anlage bewertet und bei Bedarf ein Intervall zur Wartung der Anlage festgelegt.

2.2 Entwicklung der Instandhaltung

Im Rahmen von Industrie 1.0 wurden handwerkliche Aufgaben zum Produzieren von Gütern im großen Umfang durch Anlagen ersetzt. Die Instandsetzung der Anlagen sind zu dieser Zeit nicht systematisch umgesetzt worden, sondern ereignisorientiert. Zu dieser Zeit wurde das sogenannte Feuerwehrprinzip durchgeführt, die Instandhaltung der Anlagen wurden nicht von Experten, sondern den Produktionsmitarbeitern durchgeführt. Zum Ende des 19. Jahrhunderts begann die zweite industrielle Revolution. Die ausschlaggebenden Aspekte von Industrie 2.0 waren die Zunahme von elektronischen Antrieben und die Arbeitsteilung. Erstmals wurden Aufgaben zwischen Produktionsarbeitern und Mitarbeitern für die Instandsetzung aufgeteilt. Instandhaltungsmitarbeitern wurden speziell für mechanische und elektrische Instandhaltungsaufgaben ausgebildet. Zu dieser Zeit wurde erkannt, dass eine strukturierte Instandhaltung notwendig ist, es entstanden die ersten Instandhaltungsanleitungen und Standards. Zusätzlich zur korrektiven Instandhaltung entstanden in diesem Zeitraum erstmals neue

Instandhaltungsstrategien, beispielsweise wurde in den Vereinigten Staaten von Amerika die präventive Instandhaltung (Predictive Maintenance) vom Unternehmen General Electric eingeführt.[6] In den sechziger Jahren des 20 Jahrhunderts begann die dritte industriellen Revolution. Mit Industrie 3.0 wurde ein neuer Stand der Automatisierung in der Produktion erreicht. Dieser Wandel wurde durch den Einsatz von IT-Systemen unterstützt. Das Jahr 1969 gilt als das Jahr in dem das erste Mal eine Speicherprogrammierbare Steuerung eingesetzt wurde.[7] In der heutigen Industrie 4.0 sind Preise für Komponenten von IT-Systemen, wie z.B. Prozessoren, Sensoren und Speicher im Vergleich zu Zeiten von Industrie 3.0 gesunken. Dadurch wurden neue digitale Geschäftsprozesse ermöglicht, die die Automatisierung in Unternehmen z.B. durch den Einsatz von dezentralen Messsystemen oder der Vernetzung von Komponenten effektiver gestaltet haben. Auch der Instandhaltungsprozess in Unternehmen wurde somit verbessert. Durch die Vernetzung der einzelnen Komponenten und Datenquellen ist z.B. durch den Einsatz der Technologie Big-Data-Analysis in Verbindung mit Mustererkennungsverfahren möglich den aktuellen Zustand einer Anlage zu ermitteln. Aufbauend auf diese Informationen können dann Maßnahmen zur Instandhaltung gebildet werden.[8]

3 Predictive Maintenance

3.1 Begriffserklärung

PM wird als vorausschauende Instandhaltung beschrieben und ist eine Erweiterung der zustandsabhängigen Instandhaltung. Es hat die Aufgabe Anlagenfehler zu prognostizieren. Genau wie die zustandsabhängige Instandhaltung verfolgt auch PM das Ziel, Anlagen oder Anlagenteile möglichst weit auszuschöpfen und dabei Fehler zu beheben, sodass Ausfälle verhindert werden können. An den Anlagen angebrachte Sensoren sammeln die relevanten Informationen ein und senden diese an eine Datenbank weiter. Anhand dieser gewonnen Daten werden dann durch verschiedene Verfahren Ausfälle oder Probleme prognostiziert.[9] Moderne Produktionsanlagen haben z.B. die Möglichkeit Informationen über Auslastung, Maschinenzustände oder die Umgebung der Anlage zu erfassen. Bei älteren Anlagen besteht die Möglichkeit Sensoren nachzurüsten. Mit dem Einsatz der

---

[6] Vgl. Reichel et al. (2018), S. 4ff.
[7] Vgl. Schonfelder (2018), S. 11.
[8] Vgl. Vgl. Reichel et al. (2018), S. 12ff.
[9] Vgl. eoda (2018), S. 7f.

gesammelten Daten über einen längeren Zeitraum kann damit das Ausfallverhalten von Anlagen und Anlagenteilen prognostiziert werden. Bevor eine Störung auftritt können Wartungspläne erstellt und dazu benötigte Ersatzteile im Voraus angeschafft werden. Die Reduzierung und Vermeidung von Produktionsausfällen werden dadurch positiv beeinflusst.[10]

Im Allgemeinen lässt sich PM somit in vier Phasen aufteilen:[12]

- **Erfassung von Daten**: Damit der aktuelle Zustand einer Anlage oder von Anlagenteilen gemessen werden kann, werden in der Regel sensorbasierende Technologien verwendet wie Vibrations- oder Temperaturüberwachungen oder die allgemeine Leistungsüberwachung der Anlage.

- **Speicherung der Daten**: Bei der Erfassung der Daten entstehen eine hohe Menge an Daten. Damit diese übersichtlich und effizient genutzt werden können sollte ein Data-Warehouse-System genutzt werden.

- **Analyse und Auswertung**: Damit aussagekräftige und vertrauenswürdige Prognosen erstellt werden können ist je nach angewendetem Verfahren eine große und qualitative Datenbasis vorzugeben. Daraus abgeleitete Muster in den Daten können dann zukünftige Ereignisse vorhersehen.

- **Planung der nächsten Instandhaltung**: Die analysierten Daten bilden die Grundlage zur Auswahl der Art und des Zeitpunktes, wann eine Instandhaltung stattfinden muss, um den Ausfall von Anlagen oder Anlagenteilen vorzubeugen bzw. zu verhindern.

---

[10] Vgl. Bauernhansl et al. (2014), S. 545.
[12] Vgl. eoda (2018), S. 9ff.

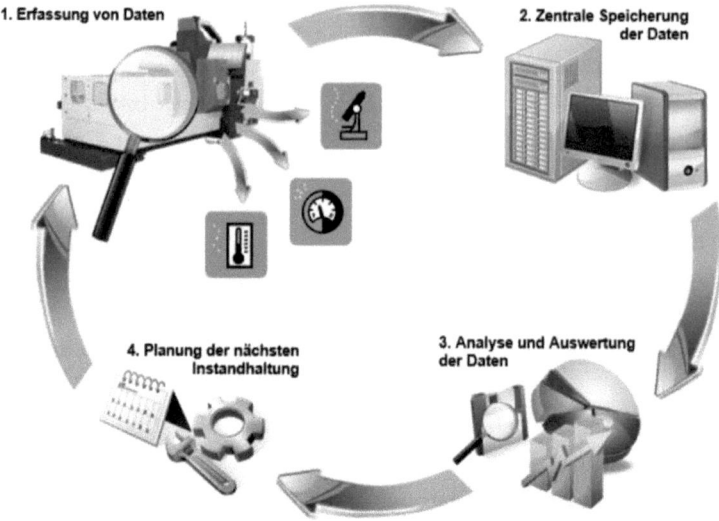

Quelle: Entnommen aus eoda (2018), S. 9.

Abbildung 1 - Visualisierung der PM-Phasen

3.2 Erfassung von Daten

Zur Messung des Ist-Zustandes einer Anlage oder Anlagenteilen kommen in den meisten Fällen Sensoren zum Einsatz. Das Zusammenspiel von verschiedenen Aspekten wie die Biologie, Chemie, Medizin oder Physik ermöglichen eine Vielzahl an Sensorsystemen und Anwendungsfelder. Mit Sensoren werden qualitative und quantitative Messungen an biologischen, chemischen, medizinischen oder physikalischen Größen durchgeführt. Ein Sensor ist dazu zweiteilig aufgebaut und besteht aus den Einheiten Sensorelement und Auswerteelektronik. Der gemessene Ist-Zustand eines Messobjektes wird durch naturwissenschaftliche Gesetze in ein elektrisches Ausgangssignal umgewandelt. Diese Ausgangssignale werden durch den Einsatz von Schaltungselektronik oder Softwareprogrammen über die Auswerteelektronik ausgegeben und dann für Auswertungen oder zur Steuerung von Prozessen genutzt.[11]

---

[11] Vgl. Hering, Schönfelder (Hrsg.) (2018), S. 1.

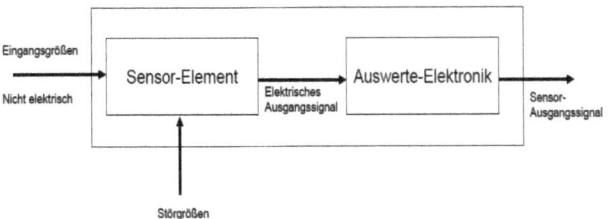

Quelle: Entnommen aus Hering, Schönfelder (Hrsg.) (2018), S. 1.

Abbildung 2 - Aufbau eines Sensors

Zur Erfassung von Daten wird in der vorrausschauenden Instandhaltung unter anderem auf die Möglichkeit der Schwingungsanalyse zurückgegriffen. Dieses Instrument wird dazu genutzt, um bei rotierenden Komponenten von bestimmten Anlagen wie z.b. Motoren oder Turbinen Fehler zu erkennen, zu vermeiden oder vorherzusagen.[12] Im Rahmen der Mechanik wird unter dem Begriff Schwingung der Prozess verstanden, wenn sich ein Körper um seinen Ruhepunkt bewegt. Eine periodisch verlaufende Schwingung wird als Vibration bezeichnet. Zur genauen Beschreibung einer Vibration werden die drei mechanischen Einheiten Beschleunigung, Geschwindigkeit und Weg genutzt. Zur Messung der Vibrationen werden Sensoren an die relevanten Einheiten der zu überprüfenden Anlage angebracht. Bei der Messung der Daten können dabei die Schwingungsparameter in axialer, horizontaler und vertikaler Richtung gemessen werden. Im industriellen Umfeld werden in der Regel auf Sensoren zurückgegriffen, die auf Grundlage des piezoelektrischen Effekts eine Schwingungsanalyse durchführen.[13] Der piezoelektrische Effekt beschreibt die Entstehung einer elektrischen Ladungsverschiebung, an der Oberfläche eines piezoelektrischen Materiales nach außen durch eintreffende Kräfte, wie z.B. durch Druck oder Scherung. Dabei erzeugen die piezoelektrischen Aufnehmer eine Spannung als Ausgangssignal.[16]

3.3 Analyse und Auswertung

Zusammen mit der Datenerfassung bildet die Anwendung von zielgerichteten Analyseverfahren die Grundlage für PM. Nach der Datenerfassung führen die verschiedenen Analyseverfahren zu Prognosen aus denen Handlungsempfehlung abgeleitet werden können. Bei der Datenanalyse wird zwischen der pragmatischen

---

[12] Vgl. CTC (2014), S. 1.
[13] Vgl. PCB Synotech (2018), S. 6-10.
[16] Vgl. Kuttner (2015), S. 101ff.

Datenmodellierung und der strukturellen Datenmodellierung unterschieden. In der pragmatischen Datenmodellierung sind die inneren Strukturen des betrachteten Systems nicht bekannt, an dieser Stelle wird die Interaktion mit dem System und dessen Verhalten betrachtet. Im Gegensatz dazu sind in der strukturellen Datenmodellierung, die inneren Strukturen des betrachteten Systems bekannt. Je nach gewähltem Analyseverfahren wird entweder auf eines der beiden Datenmodelle oder auf eine Kombination von beiden zurückgegriffen. Die Kombination aus relevanten Datenmengen mit einem passenden Analyseverfahren liefert ein bestmögliches Ergebnis. Es gibt verschiedene Verfahren auf die im Rahmen von PM zurückgegriffen werden können, dazu zählt z.B. die Ausreißererkennung oder die Regressionsanalyse. Die Ausreißererkennung hat die Aufgabe Daten zu suchen, die auf Anomalien hinweisen. Bei diesen Daten handelt es sich um ein Objekt, das deutlich von dem restlichen Datenbestand abweicht. Bei der Ausreißererkennung wird das Ziel verfolgt Risiken und Verfälschungen innerhalb von Systemen zu erkennen. Zusätzlich zum Einsatz dieses Verfahrens werden weiter Analyseverfahren begleitend eingesetzt, um relevante Aussagen für PM zu treffen. [14] Bei der Regressionsanalyse handelt es sich, um eine statistische Modellierung. Es hat die Aufgabe den Zusammenhang von einer abhängigen und einer oder mehrere unabhängigen Variablen zu ermitteln. Dabei werden diese Zusammenhänge quantitativ ausgewertet oder auch Prognosen über die abhängige Variable getroffen. Bei der Anwendung der Regressionsanalyse ist es wichtig eine argumentativ plausible Verknüpfung von Daten vorzunehmen, die als Grundlage einer Prognose dienen oder den Zustand der abhängigen Variable beschreiben können. [15] Von dem Stahlkonzern Salzgitter Mannesmann wird die Regressionsanalyse bspw. verwendet, um die Temperatur des zu verarbeiteten Stahlproduktes auf unterschiedlichen Stahlstufen zu bewerten. Als abhängige Variable wird an dieser Stelle die Temperatur betrachtet und als unabhängige Variablen Aspekte wie z.B. die Werte der chemischen Zusammensetzung von Proben an einzelnen Stahlstufen oder auch ergänzende Informationen wie Zeiträume oder Dauer von Transport- und Verarbeitungsprozessen.[19]

---

[14] Vgl. eoda (2018), S. 11-14.
[15] Vgl. Urban, Mayerl (2018), S. 4ff.
[19] Vgl. Maas, Koc (2011).

4 Wirtschaftliche Betrachtung

4.1 Herausforderungen

Als größte Herausforderungen der Umsetzung von PM zählen die Qualität und Quantität der Daten, die IT-Infrastruktur und somit auch die IT-Sicherheit. Als nicht technische Herausforderungen werden im Rahmen von PM der Implementierungsaufwand, fehlende Akzeptanz der Mitarbeiter oder eine nicht ausreichende Kommunikation des Managements verstanden. Für viele Unternehmen stellt sich die Auswahl der Daten als eine große Herausforderung dar, denn zusätzlich zur Datenerfassung müssen die Daten auch je nach Anwendungsfall ausgewertet und genutzt werden. Dabei sind die Integrität, Vertraulichkeit und Verfügbarkeit dieser Daten stets zu schützen. [16] An dieser Stelle stößt die Implementierung von PM auf eine weitere Diskussion, denn Anwender die Ihre PM Lösung über einen Dienstleister beziehen sehen den Datenfluss als kritisch an. Der Dienstleister benötigt Zugriff auf bestimmte Kundendaten, wie z.B. Prozess- und Qualitätsdaten, um den PM-Algorithmus zu optimieren. Auf der anderen Seite möchten die Kunden ihre Unternehmensdaten aber aufgrund von Bedenken hinsichtlich Datenschutz- oder Wettbewerbsgründen nicht preisgeben. [17] Des Weiteren steht der Kosten- und Nutzenfaktor von PM im Fokus, da durch die grundlegende Neuentwicklung der Instandhaltungsstrategie in einem Unternehmen nicht zu vernachlässigende Kosten entstehen.[18]

4.2 Nutzen

In der ersten Hälfte des Jahres 2018 hat das Unternehmen General Electric gemeinsam mit dem Beratungsunternehmen Pierre Audoin Consultants eine Studie aufgestellt, die die aktuelle Lage des europäischen Marktes mit Hinblick auf das Thema Digitalisierung und dem Einsatz von PM bewerten soll. Die Studie basiert auf Interviews, die mit Entscheidungsträgern von 232 verschiedenen europäischen Produktions- und Transportunternehmen geführt wurden, die mehr als 1.000 Mitarbeiter beschäftigen. Unternehmen in diesen Segmenten verlassen sich auf ihre Industrieanlagen oder ihre Fahrzeuge wie Flugzeuge oder Lokomotiven. Zusätzlich zu den großen Investitionen für den Kauf dieser Anlagen und Fahrzeuge ergeben

---

[16] Vgl. Duscheck et al. (2017), S. 9f.
[17] Vgl. Kiradjiev (2018).
[18] Vgl. Matzkovits et al. (2017), S. 88.

sich auch hohe Kosten für die Wartung, die sich wiederum auf die Wertschöpfungsprozesse eines Unternehmens auswirken. Der Basisprozess in der Instandhaltung folgt dem Prinzip die Wartungen anhand eines festen Serviceplans umzusetzen. Dieser Ansatz führt dazu das Instandhaltungsmaßnahmen durchgeführt werden, auch wenn diese nicht notwendig sind. So werden z.b. Komponenten an Anlagen ausgetauscht deren Zustand eigentlich eine längere Einsatzzeit ermöglichen würden. Auf der anderen Seite können Anlagen oder Anlagenteile unerwartet vor einer geplanten Wartung zu Störungen führen oder komplett ausfallen. Unternehmen müssen dann mit Ausfällen in der Produktion und mit Lieferverzögerungen rechnen. Dies wirkt sich negativ auf Kundenbeziehungen aus und kann in extrem Fällen zu Strafzahlungen führen. Daher sind laut dieser Studie 95 % der Befragten nicht zufrieden mit ihrer aktuellen Instandhaltungsstrategie und sehen diese als ineffizient an. Daraus ist abzuleiten, dass Bedarf an einer Verbesserung existiert. Einige Unternehmen haben dies bereits erkannt und haben in digitale Technologien investiert, die die vorausschauende Instandhaltung in die Unternehmensprozesse integrieren. Die Auswertung dieser Umfrage bestätigt, das PM eine immer größere Rolle in der Unternehmenspraxis einnimmt. Ein Anteil von 83 % der Befragten Unternehmen werden in den Ausbau von PM investieren.[19]

4.3 Praxisbeispiele

Die folgenden Praxisbeispiele stellen einen Teil der weltweiten Erfolge von PM in Unternehmen dar:

- **thyssenkrupp Elevator AG**: Das Unternehmen thyssenkrupp Elevator AG ist ein führendes und global aktives Unternehmen im Aufzugssektor. Um sich in diesem stark umkämpften Sektor einen Wettbewerbsvorteil zu verschaffen und die Zuverlässigkeit ihrer Produkte und Dienste zu optimieren hat sich das Unternehmen mit der vorrausschauenden Instandhaltung beschäftigt. In einem gemeinsamen Projekt mit den Unternehmen Microsoft (kurz: MS) und CGI wurde dazu ein effizientes Überwachungssystem für Aufzüge entwickelt. Das System basiert auf den MS Produkten MS Azure Intelligent Systems Service, Power BI für Office 365 und MS Azure Machine Learning. Durch dieses

---

[19] Vgl. Milojevic, Nassah (2018), S. 7-13.

Überwachungssystem werden Systeme und Sensoren in den Aufzügen über die Azure Cloud verbunden. Die daraus gewonnen Daten werden über ein Kennzahlen-Dashboard anschaulich dargestellt und können in Echtzeit über verschiedene Endgeräte angezeigt werden. Dadurch können Techniker notwendige Reperaturmaßnahmen umsetzen, bevor eine Panne entsteht. Durch den Einsatz von MS Azure Machine Learning wird ebenfalls davon ausgegangen, dass die Prognosen des entwickelten Systems mit der Zeit immer weiter optimiert werden, da kontinuierlich Daten im Fluss sind. Der Einsatz von PM erhöht die Betriebszeit und somit die Zuverlässigkeit der Aufzüge und durch diese Effizienzsteigerung ergeben sich Kostenvorteile für thyssenkrupp und ihre Kunden.[20]

- **Lufthansa Technik AG**: Im Hinblick auf PM hat die Lufthansa verschiedene Projekte ins Leben gerufen, um anhand des Ist-Zustandes ihrer Flotte Ausfälle vorherzusagen, damit vor auftreten dieser Störungen Gegenmaßnahmen ergriffen werden können. Informationen wie Flugparameter die aus verschiedenen Schnittstellen entnommen werden, werden von Experten auf Anomalien geprüft. Das Ergebnis dieser Auswertung liefert der Lufthansa eine erhöhte technische Flugzeugverfügbarkeit auf Grund der verlässlichen Vorhersagen, die Ausfälle verhindern oder vermindern können. Das Projekt DATCOM verfolgt das Ziel verschiedene Prüfstände jederzeit von jedem Standort aus und plattformübergreifend miteinander zu vernetzen, um den Instandhaltungsprozess effektiver zu gestalten. Auch Aspekte wie die Flugroute oder Wetterbedingungen werden bei der Analyse berücksichtigt. Damit wird eine globale Planung und Umsetzung der Haltbarkeit von Flugzeugen und Flugzeugteilen ermöglicht und damit lassen sich schließlich auch Flugverspätungen bzw. Flugausfälle vermeiden.[21] In den nächsten Jahren wird das Thema vorausschauende Instandhaltung einen immensen Bestandteil der Luftfahrtbranche ausmachen. Nach einer Umfrage des Branchenverbandes Bitkom mit verschiedenen Luftfahrtunternehmen ist anzunehmen, dass bis zum Jahr 2030 das Thema PM mit einem Anteil von

---

[20] Vgl. Bitkom (2015), S. 31f.
[21] Vgl. Lufthansa Technik (2018).
[26] Vgl. Braun (2016).

98 % zum Branchenstandard wird. Nur in zwei Prozent der Fälle werden dann noch auf andere Instandhaltungsstrategien zurückgegriffen.[26]

- **DB Systel GmbH**: Ausfälle von Güter- und Personenzügen auf dem Schienenverkehr führen zu Verspätungen und hohen Kosten. Zusätzlich zu den daraus resultierenden Strafzahlungen sind auch die Ersatzteile der Lokomotiven zu beachten, die extrem teuer sind. Alleine ein Ersatz-Elektromotor kann eine Viertel Millionen Euro betragen. Durch den Einsatz von PM ist es möglich diese Risiken zu reduzieren. Durch den Einsatz von Sensoren und die dadurch gewonnen Daten in Echtzeit können Schäden im Voraus erkannt und die entsprechenden Komponenten repariert werden. Damit sollen Störungen so gering wie möglich gehalten werden, um Verspätungen und Ausfälle von Güter- und Personenzugfahrten auf den Strecken zu vermeiden. Das Unternehmen hat PM als notwendiges und innovatives Thema anerkannt, daher wurde die Unternehmensinfrastruktur erweitert. Die Lokomotiven wurden z.b. mit Funkmodulen ausgestattet, sodass Live-Daten während der Fahrt erfasst werden können. Die ausgelesenen Sensordaten der jeweiligen Lokomotive werden dabei in Echtzeit mit Bestandsdaten verglichen. Aus dieser Datensammlung können Datenanalysten, dann bestimmte Muster ableiten und über einem Dashboard die Lokomotiven visualisieren, die auf Fehler oder einen Schaden hindeuten. Um solche Analysen aufzustellen greift das Unternehmen auf verschiedene Informationen zurück wie z.B. die Wetterlage, Fahrplandaten, Energieversorgung oder auf Daten von anderen Lokomotiven, die direkt vor einem Schaden oder einer Wartung festgehalten wurden sind. Durch den Einsatz dieser Technologie orientieren sich die Wartungsintervalle nicht mehr an starr festgelegten Zeiträumen, sondern an der Abnutzung der verschiedenen Komponenten an einer Lokomotive. Die erstellten Prognosen zur vorausschauenden Instandhaltung, die durch die Kombination von historischen Analysedaten, den in Echtzeit gewonnen Sensordaten und relevanten Zusatzdaten aufgestellt werden, wirken sich positiv auf die Fahrplantreue im Schienenverkehr aus. Durch die effiziente Instandhaltung der Lokomotiven steigt die Kundenzufriedenheit und Kosten werden vermieden, die durch verspätete Warenlieferungen entstanden wären.[22]

---

[22] Vgl. Bitkom (2015), S. 32f.

5 Fazit

In Rahmen dieser Ausarbeitung wurde das Thema Instandhaltungsstrategien bearbeitet. Der Fokus dieser Arbeit lag in der Ausarbeitung von Herausforderungen und Chancen beim Einsatz von PM in Unternehmen, mit Hinblick auf den technischen und wirtschaftlichen Hintergrund dieser Technologie. Dabei konnte ermittelt werden, dass immer mehr Unternehmen, in unterschiedlichen Branchen, PM als gewinnbringende Technologie anerkannt haben und es in ihren Geschäftsprozessen integrieren. Als Ergebnis dieser Arbeit wurde im Hauptteil zunächst PM allgemein und technisch beschrieben. Dabei wurde der Einsatz dieser Technologie in vier Phasen aufgeteilt. Anhand von theoretischen Grundlagen zu verschiedenen Messtechniken wurde der Aspekt zur Datenerfassung näher betrachtet. Nachdem die benötigten Daten erfasst sind folgt die Analyse dieser Daten, dieser Prozess wurde durch verschiedene Analyseverfahren und einem Praxisbeispiel verdeutlicht. Nach der Vorstellung der technischen Erfassung und Auswertung von relevanten Informationen, wurde im Hauptteil der wirtschaftliche Aspekt näher betrachtet. Dabei wurden die Herausforderungen, der Nutzen und Praxisbeispiele erarbeitet. Bei der Implementierung dieser neuen Instandhaltungsstrategie sind Unternehmen von unterschiedlichen Herausforderungen betroffen. Die größte Herausforderung liegt darin ein System aufzustellen, das verlässliche Daten einliest und diese richtig auswertet, die Grundwerte der Datensicherheit sicherstellt und den Datenschutzaspekt nicht vernachlässigt. Als nächstes wurde in dieser Arbeit der Nutzen von PM dargestellt. Durch den Einsatz dieser Technologie konnten sich Unternehmen, trotz der genannten Herausforderungen, in den jeweiligen stark umkämpften Märkten hervorheben und sich gegenüber der Konkurrenz behaupten. In dieser Arbeit wurden zur Darstellung des Nutzens verschiedene Praxisbeispiele vorgestellt, die erfolgreiche und reelle Implementierungen von PM-Systemen darstellen. Aus diesen Beispielen kann entnommen werden, dass PM eine vielseitig einsetzbare Technologie darstellt, dass zukünftig in immer mehr Unternehmen den Instandhaltungsprozess unterstützten wird.

In dieser Arbeit wurden zwar die Herausforderungen beim Einsatz von PM dargestellt und somit diese Technologie auch kritisch bewertet, jedoch wurde im Ergebnis der Fokus auf den Nutzen und somit auf die Erfolgsgeschichten gelegt. Daher wäre eine weitere Untersuchung notwendig, die Klarheit darüber schafft, wie viele und aus welchem Grund reelle Unternehmen beim Einsatz der PM-Technologie gescheitert sind bzw. der Einsatz von PM nicht den gewünschten Effekt erzielt hat. Zusätzlich wäre es interessant, die Gemeinsamkeiten der Unternehmen zu vergleichen die gescheitert sind, um eventuell Muster zu erkennen und daraus eine Handlungsempfehlung abzuleiten. Dies hätte jedoch den Rahmen dieser Arbeit überschritten, daher wäre es wünschenswert diese Aspekte in einer zukünftigen Arbeit zu ermitteln.

Literatur- und Quellenverzeichnis

Bauernhansl et al. (2014)   Bauernhansl, Thomas, ten Hompel, Michael, Vogel-Heuser, Birgit (Hrsg.): Industrie 4.0 in Produktion, Automatisierung und Logistik – Anwendung · Technologien · Migration, Springer Vieweg, Wiesbaden 2014

Biesel, Hame (2018)   Biesel, Hartmut, Hame, Hartmut: Vertrieb und Marketing in der digitalen Welt – So schaffen Unternehmen die Business Transformation in der Praxis, Springer Gabler, Wiesbaden 2018

Bitkom (2015)   Bundesverband Informationswirtschaft, Telekommunikation und neue Medien e. V.: Big Data und Geschäftsmodell-Innovationen in der Praxis: 40+ Beispiele, Berlin 2015

Braun (2016)   Braun, Tillmann: Internet of Things – Der Siegeszug von Predictive Maintenance, WEKA FACHMEDIEN GmbH, Haar 2016, https://www.funkschau.de/telekommunikation/artikel/135802/3/ (zuletzt aufgerufen 29.12.2018)

Capgemini (2018)   Capgemini Deutschland: Studie IT-Trends 2018 – Digitalisierung: Aus Ideen werden Ergebnisse, Berlin 2018

CTC (2014)   Connection Technology Center, Inc: Industrial Vibration Analysis for Predictive Maintenance and Improved Machine Reliability, New York 2014

Duscheck et al. (2017)   Duscheck, Frank, Blameuser, Ralf, Gehrmann, Sven: Maschinenverfügbarkeit rauf, Wartungs- und Servicekosten runter – Chancen und Herausforderungen von Predictive Maintenance in der Industrie, BearingPoint GmbH, Frankfurt am Main 2017

Eoda (2018)   eoda GmbH: Predictive Maintenance (mit R) – Leistung immer und überall dank vorausschauender Wartung basierend auf statistischen Modellen – Potenziale und Möglichkeiten der freien Statistiksprache R für neue Geschäftsmodelle im Industrie 4.0 Zeitalter, Kassel 2018

Heinrich (2017)	Heinrich, Ingo: Außerplaninstandhaltung von Eisenbahnfahrzeugen – Algorithmus für einen vorhersagbaren Schadindex, Springer Vieweg, Wiesbaden 2014
Hering, Schönfelder (Hrsg.) (2018)	Hering, Ekbert, Schönefelder, Gert (Hrsg.): Sensoren in Wissenschaft und Technik – Funktionsweise und Einsatzgebiet, 2. Auflage, Springer Vieweg, Wiesbaden 2018
Kiradjiev (2018)	Kiradjiev, Plamen: Predictive Maintenance für Qualitätssicherung: Über das Datenschutz-Dilemma und wie man es auflöst, IBM Deutschland GmbH, Ehningen 2018, https://www.ibm.com/de-de/blogs/think/2018/06/19/predictive-maintenance-2/ (zuletzt aufgerufen 31.12.2018)
Kuttner (2015)	Kuttner, Thomas: Praxiswissen Schwingungsmesstechnik, Springer Vieweg, Wiesbaden 2015
Lufthansa Technik (2018)	Lufthansa Technik AG: Total Digital – Lufthansa Technik setzt konsequent auf die Digitalisierung, Hamburg 2018, https://www.lufthansa-technik.com/de/predictive-mtc (zuletzt aufgerufen 25.12.2018)
Maas, Koc (2011)	Mass, Bengt, Koc, Hakan: Towards an ideal steel plant - Online liquid steel temperature prediction using R, Microsoft Corporation, Redmond 2011, https://mran.microsoft.com/posts/steel-plant (zuletzt aufgerufen 29.12.2018)
Matzkovits et al. (2017)	Matzkovits, Jan, Saumer, Sascha, Steinbach, Fabian, Zielke, Marvin, Seitz, Jürgen: „Predictive Maintenance – Integration und Kommunikation im Automobilsektor", in: Andelfinger, Volker P., Hänisch, Till (Hrsg.): Industrie 4.0 – Wie cyber-physische Systeme die Arbeitswelt verändern, Springer Gabler, Wiesbaden 2017

Milojevic, Nassah (2018)	Milojevic, Dr. Milos, Nassah, Franck: Digital Industrial Revolution with Predictive Maintenance – Are European businesses ready to streamline their operations and reach higher levels of efficiency?, CXP Group, London 2018
PCB Synotech	PCB Synotech GmbH: Schwingungsmessung an rotierenden Maschinen, Hückelhoven 2018
Reichel et al. (2018)	Reichel, Jens, Müller, Gerhard, Haeffs, Jeam (Hrsg.): Betriebliche Instandhaltung, 2. Auflage, Springer Vieweg, Berlin 2018
Schenk (2010)	Schenk, Michael: nstandhaltung technischer Systeme – Methoden und Werkzeuge zur Gewährleistung eines sicheren und wirtschaftlichen Anlagenbetriebs, Springer-Verlag Berlin, Heidelberg 2010
Schonfelder (2018)	Schonfelder, Christoph: Muße – Garant für unternehmerischen Erfolg – Ihr Potenzial für Führung und die Arbeitswelt 4.0, Springer Verlag, Wiesbaden 2018
Urban, Mayerl (2018),	Urban, Dieter, Mayerl, Jochen: Angewandte Regressionsanalyse: Theorie, Technik und Praxis, 5. Auflage, Springer VS, Wiesbaden 2018